MUJERES VALIENTES

25 MUJERES QUE SE ATREVIERON

por Allison Lassieur

COMPASS POINT BOOKS
a capstone imprint

Serie Compass Point Books publicada por Capstone Press
1710 Roe Crest Drive, North Mankato, Minnesota 56003
www.capstonepub.com

Translated into the Spanish language by Aparicio Publishing

Los datos de CIP (Catalogación previa a la publicación, CIP) de la Biblioteca del Congreso se encuentran disponibles en el sitio web de la Biblioteca.

ISBN 978-0-7565-6540-4 (hardback)
ISBN 978-0-7565-6544-2 (eBook PDF)

Créditos editoriales
Anna Butzer, editor; Russell Griesmer, designer; Jennifer Bergstrom, production artist;
Svetlana Zhurkin, media researcher; Laura Manthe, production specialist

Fotografías gentileza de:
Alamy: Aurora Photos/Katja Heinemann, 31, Science History Images, 49; AP Images: Tabei Kikaku Co. Ltd, 41, The Emporia Gazette/Hal Smith, 33; Bridgeman Images: Photo © Mark Gerson/Private Collection/Jacquetta Hawkes, 1974 (photo), 53, Prismatic Pictures/Private Collection/Noor-un-Nisa Inayat Khan in military uniform, ca. 1943 (b/w photo), 10, Private Collection/Agnes Meyer Driscoll, American cryptanalyst, c. 1914-18 (b/w photo), 7; Getty Images: AFP/John Zich, 56, Archive Photos/Graphic House, 39, Bettmann, 43, 51, 55, Fairfax Media/The Sydney Morning Herald, 5, Fotosearch, cover, Hulton Archive/Keystone, 9, 12, Los Angeles Times/Carlos Chavez, 46, National Geographic/Bates Littlehales, 47, PA Images/Stefan Rousseau, 14; Helen Thayer, 44; Library of Congress, 17, 21, 37; NASA, 26; Newscom: Everett Collection, 11, 24, 25, Fine Art Images/Album, 19, Pictures From History, 29, Zuma Press/Maxppp/Claude Tage, 35, Zuma Press/Minneapolis Star Tribune, 32; Shutterstock: Andrei Nekrassov, 50; U.S. National Archives: Records of the Office of Naval Intelligence, Record Group 38, Monograph Files Relating to the Pacific Ocean Area, NAID 68141661, 23

Elementos de diseño
Shutterstock

Impreso y encuadernado en los Estados Unidos de América.
PA100

CONTENIDO

INTRODUCCIÓN

A lo largo de la historia, las personas han viajado por todo el mundo en busca de aventuras y lugares para explorar. Durante el siglo xx, Charles Lindbergh, Edmund Hillary y Neil Armstrong se convirtieron en nombres reconocidos a nivel mundial. Las exploradoras y aventureras no comparten la fama, pero sí la intrepidez. Gertrude Bell, Junko Tabei, Bessie Coleman y Harriet Boyd Hawes son solo algunas de las mujeres que escalaron, volaron, recorrieron y allanaron el camino a la par de sus colegas masculinos.

Desde las turbias profundidades del océano hasta el oscuro vacío del espacio exterior, las exploradoras han conquistado el mundo. Se atrevieron a soñar, a tener éxito, a ir a lugares donde nunca nadie había ido.

Le sugiero a todo el mundo: Mírense al espejo. Pregúntense: ¿Quiénes son? ¿Cuáles son sus talentos? Úsenlos y hagan lo que aman.

—Sylvia Earle

Sylvia Earle buceó a 65 pies (20 metros) de profundidad cerca de Maroubra, Australia, para estudiar un tiburón de Port Jackson.

Capítulo 1

MUJERES QUE DESAFIARON A LA MUERTE: ESPÍAS Y SOLDADOS

Estas valientes espías y soldados se involucraron en secretos mortales (¡y muchísimo más!). Algunas preparaban provisiones y municiones para los ejércitos u organizaban redes de comunicación encubiertas. Otras se infiltraban entre los enemigos o descifraban sus códigos. Pero todas estas mujeres sabían que podían morir como resultado de sus acciones.

Agnes Meyer Driscoll (1889–1971)

A Agnes Meyer Driscoll siempre le interesaron la ciencia y la tecnología. Se graduó de la Universidad Estatal de Ohio a los 22 años, con especialización en matemáticas, música, física e idiomas extranjeros. Luego, comenzó a trabajar como profesora.

Agnes Meyer Driscoll, 1914

En 1918, un año después de que Estados Unidos comenzara a pelear en la Primera Guerra Mundial (1914–1918), Driscoll se alistó en la Armada estadounidense. Fue reclutada para el rango más alto de los puestos administrativos. La asignaron al sector de Códigos y Señales de la Armada. Tenía gran habilidad para decodificar códigos, y aún más habilidad para descifrar cómo funcionaban las máquinas de cifrado. Tras solo unos días en su nuevo empleo, comenzó a ayudar a desarrollar una máquina de cifrado para la Armada.

Después de la guerra, Driscoll permaneció como decodificadora. Durante las décadas de 1920 y 1930, los militares estadounidenses y japoneses se robaban sus respectivos secretos con regularidad. Driscoll logró descifrar los códigos más sofisticados de la Armada japonesa. Al comienzo de la Segunda Guerra Mundial (1939–1945), a Driscoll ya se la conocía como "Madam X". Estaba entre los mejores criptoanalistas de la Armada y era una experta en códigos japoneses. Era tan buena que podía distinguir nuevos códigos japoneses con apenas mirarlos. Luego, procedía a resolverlos. Uno de sus dichos favoritos era que "cualquier código hecho por un hombre puede ser descifrado por una mujer". Aunque poca gente conoce su nombre en la actualidad, Agnes Meyer Driscoll está entre los mejores descifradores de códigos de la historia de los EE. UU.

Nancy Wake
(1912–2011)

Nancy Wake, también conocida como "Ratón Blanco", fue la espía y combatiente de la resistencia más despiadada de la Segunda Guerra Mundial. Wake nació en Nueva Zelanda en 1912 y era la más pequeña de seis hermanos. Viajó a Francia y se hizo periodista en la década de 1930, justo cuando el partido nazi se alzaba en el poder. Wake estaba en contra de lo que representaban los nazis (antisemitismo y racismo) y juró luchar contra ellos apenas tuviera la oportunidad. En 1940, seis meses después de que

se casara con un francés adinerado,
los nazis invadieron Francia y a Wake
le llegó su oportunidad.

Wake se unió a la Resistencia francesa
y comenzó a pelear contra los nazis.
Usaba su libertad y sus conexiones
para llevarles comida, provisiones
y mensajes a otros grupos de resistencia.
Luego comenzó a sacar clandestinamente
del país a refugiados y a prisioneros aliados
que habían escapado.

La Gestapo no tardó en enterarse
de la temeraria mujer de la resistencia.
La apodaron Ratón Blanco porque siempre
se las ingeniaba para librarse de ellos:
una vez hasta saltó de un tren
en movimiento mientras las balas alemanas
le rozaban la cabeza. Después de esta
fuga en la que desafió a la muerte, voló
a Inglaterra y continuó combatiendo.

Dirigió su propia operación
de combatientes de la resistencia,
que asaltaron una fábrica de armas nazi
en 1944. Una vez mató a un centinela
alemán con sus propias manos para
evitar que activara una alarma. Y cuando

Nancy Wake, 1951

los Aliados necesitaron una fuerza secreta
que llegara en paracaídas a Francia para
prepararse para el Día D, Wake formó parte.

Después de la guerra, Wake recibió altos
honores por su valentía en la guerra, entre
ellos la Medalla de Jorge de Gran Bretaña,
la Medalla Presidencial de la Libertad
de los Estados Unidos y la Orden Nacional
de la Legión de Honor de Francia.

Noor Inayat Khan, 1943

Noor Inayat Khan
(1914–1944)

Noor Inayat Khan, de padre indio y madre estadounidense, nació en Rusia. La familia se mudó a París, Francia, cuando Noor era una niña. Cuando los nazis invadieron Francia en 1939, Noor, su hermana y su madre lograron apenas escapar a Inglaterra.

En 1942, Khan fue reclutada como agente secreta por una operación de espías británica, la Dirección de Operaciones Especiales (SOE, por sus siglas en inglés). Al año siguiente, la SOE envió a Khan y a un grupo de espías a Francia, que estaba ocupada por Alemania. Sus tareas consistían en trabajar como operadores inalámbricos y enviar mensajes secretos entre Francia e Inglaterra. Los nazis podían detectar las señales de radio que creaban, por lo que su trabajo era muy peligroso. De hecho, era tan peligroso que la mayoría de los agentes en Francia eran descubiertos en un lapso de seis semanas.

Khan, que trabajaba con el nombre en clave "Madeleine", y su red de espías enviaron cientos de mensajes antes de que la Gestapo los arrestara. Khan consiguió escapar. Sus comandantes le rogaron que abandonara Francia, pero ella se negó. Sin ayuda, dirigió una red

de comunicación en París durante
tres meses.

En 1943, un pariente de un compañero
espía de Khan la delató y la Gestapo
la capturó. Durante 10 meses
la torturaron para sacarle información,
pero "Madeleine" nunca se quebró.
La Gestapo se dio cuenta de que Khan
no les daría información sobre los Aliados
y la sentenciaron a muerte. Justo antes
de ser ejecutada, Khan gritó "¡Liberté!"
como un acto final de resistencia.

Después de la guerra, Khan fue
reconocida por su valentía. Le otorgaron
la Cruz de Jorge de Gran Bretaña y la Cruz
de Guerra de Francia.

Josephine Baker
(1906–1975)

La mayoría conocía a Josephine
Baker porque era una de las artistas
estadounidenses más famosas de Europa.
Pero lo que no sabían era que esta estrella
internacional tenía una vida secreta:
fue espía e informante en Francia durante
la Segunda Guerra Mundial.

Josephine Baker, 1951

Josephine Baker, 1945

UNA LUCHA MÁS ARDUA DESPUÉS DE LA GUERRA

Aunque Baker era una estrella internacional, como mujer negra sufrió racismo y discriminación fuera donde fuera en los Estados Unidos. El racismo que sufrió fue tal que, en 1937, renunció a su ciudadanía estadounidense y se hizo ciudadana francesa. Años más tarde, Baker se hizo amiga de Martin Luther King Jr. Volvió a los Estados Unidos y luchó junto a él por los derechos civiles. En 1963, Baker fue la única mujer en hablar junto a King en la Marcha en Washington.

Baker nació en la pobreza en St. Louis, Missouri. A los 17 años, ya había logrado llegar a Broadway como bailarina. En 1925, viajó a Francia, donde deslumbró al público con su belleza y su carisma. Era común que se agotaran las entradas para sus espectáculos, y pronto se convirtió en una de las artistas mejor pagadas de Europa. Durante años disfrutó la vida de los ricos y famosos.

Cuando empezó la Segunda Guerra Mundial en 1939, Baker comenzó a trabajar para la Cruz Roja. Un día, un miembro de la Resistencia francesa se le acercó con una oferta laboral: convertirse en espía para Francia. Baker no lo dudó. "Francia me hizo ser quien soy —dijo—.

Los parisinos me dieron su corazón y yo estoy lista para darles mi vida".

Su fama se volvió su pantalla. Circulaba entre oficiales nazis y embajadores extranjeros en las fiestas que se hacían al final de sus actuaciones y escuchaba sus conversaciones con disimulo. Llevaba mensajes secretos escritos con tinta invisible en sus partituras. Continuó viajando y actuando durante el transcurso de la guerra. Los nazis nunca sospecharon que la bella bailarina era una peligrosa espía.

Después de la guerra, el Gobierno francés premió a Baker con la Cruz de Guerra y la Medalla de la Resistencia por su coraje.

> *Lo que realmente amamos se queda con nosotros para siempre, guardado en el corazón mientras dure nuestra vida.*
> —Josephine Baker

Stella Rimington estudia una máquina de cifrado en 2003.

Stella Rimington
(1935–)

Stella Rimington nació en Inglaterra justo cuando la Segunda Guerra Mundial estremecía a toda Europa. El trabajo de su padre en la industria metalúrgica llevó a la familia a ciudades inglesas fijadas como objetivos de los bombarderos alemanes. En vez de asustarla, esas experiencias horrorosas le dieron sed de aventura y emoción.

Al terminar la universidad, Rimington y su esposo se mudaron a India, donde Stella consiguió un trabajo de medio tiempo como empleada de un representante local del MI5, la organización de espionaje británica. Su primera tarea fue recopilar información de los espías del MI5 para ingresarla a la base de datos de la organización. En aquel momento, todos los espías del MI5 eran hombres, pero Rimington pronto se dio cuenta de que era tan inteligente como ellos (a veces incluso más que ellos). Cuando volvió a Londres en 1969, decidió que sería mucho más divertido ser espía ella misma.

El MI5 la contrató como oficial asistente subalterna, pero poco después se convirtió en espía. Una de las primeras misiones

de Rimington fue identificar
y capturar espías rusos,
y evitar que robaran secretos británicos.
Sus habilidades llamaron la atención
de los superiores del MI5
y la promovieron a jefa de sección.

Rimington descubrió que tenía talento
para generar confianza en la gente.
"Las mujeres son las mejores espías
—dijo durante una entrevista—
porque pueden combinar la simpatía
con una veta despiadada". Trabajó
en misiones antiterroristas
y de contraespionaje y, más adelante,
asumió como directora de esas divisiones.

En 1922, Rimington asumió la dirección
general del MI5 y se convirtió en la primera
mujer en dirigir la agencia de inteligencia
nacional de Gran Bretaña. Además,
fue la primera directora del MI5
en ser nombrada públicamente. Antes,
siempre se mantenía el nombre del director
en secreto por razones de seguridad.
Por primera vez, los amigos y la familia
de Rimington supieron cuál era en verdad
su trabajo secreto.

Rimington dejó el MI5 en 1996.
Hoy es una de las directoras del Museo
Internacional del Espionaje en Washington
D. C. También es una escritora exitosa,
y se basa en su propia experiencia como
espía para escribir novelas de espionaje.

> *Siempre pensé y dije que el punto
> más fuerte de una organización
> de inteligencia eran sus registros y su
> habilidad para saber lo que saben.*
> —Stella Rimington

Capítulo 2

EL LÍMITE ES EL CIELO: AVIADORAS Y ASTRONAUTAS

Casi inmediatamente después de que los hermanos Wright volaran el primer avión en 1903, las mujeres aprendieron a volar. Estas valientes aviadoras se atrevieron a elevarse en los libros de historia y batieron récords durante muchos años.

Harriet Quimby
(1875–1912)

Harriet Quimby levantó vuelo apenas ocho años después de que los hermanos Wright volaran el primer avión. En aquella época, ninguna mujer (y muy pocos hombres) había volado un avión.

Harriet Quimby en su traje de aviación, 1911

Quimby vivía en el municipio de Arcadia, Michigan. En 1903, se mudó a la ciudad de Nueva York y se convirtió en escritora y fotógrafa de viajes estelar para *Leslie's,* una revista famosa. Después de ver una carrera de aviones, Quimby dijo: "Creo que puedo hacerlo y creo que lo haré". Se corrió la voz de que una mujer estaba yendo a la escuela de aviación. En aquella época se consideraba que volar era demasiado peligroso para las mujeres. Quimby demostró que tenía un gran talento para volar y entender la mecánica del vuelo. En 1911, alcanzó la fama mundial al convertirse en la primera mujer en obtener una licencia de piloto.

Algunos meses después, se convirtió en la primera mujer en volar un avión durante la noche. Unas semanas más tarde, sobrevoló el canal de la Mancha. Fue la primera mujer en hacer ese viaje. Quimby continuó escribiendo artículos y llevando a cabo exhibiciones de vuelo, y su fama aumentó.

En julio de 1912, Quimby llevó a un pasajero en un vuelo de 20 minutos durante el atardecer, en presencia de 5,000 personas. Mientras regresaban, el avión se inclinó peligrosamente hacia adelante. Los espectadores horrorizados vieron cómo Quimby y su pasajero, William Willard, caían del avión en picada y encontraban la muerte. Algunos creyeron que la causa había sido un error mecánico. Otros pensaron que el accidente había demostrado que las mujeres eran muy débiles para volar. Pero Quimby le mostró al mundo que las mujeres sí podían volar y que podían hacerlo con destreza y valentía.

No hay razón por la que el aeroplano no pueda proporcionar una ocupación fructífera para las mujeres.
—Harriet Quimby

Bessie Coleman, 1920

Bessie Coleman
(1892–1926)

Bessie Coleman creció en una familia de 13 hijos en Atlanta, Texas. Ayudaba a su madre a cosechar algodón y lavar ropa a cambio de dinero. Cuando tenía 23 años, Coleman asistió al Colegio Industrial Langston en Oklahoma. Como solo pudo pagar un semestre, lo abandonó y se mudó a Chicago, Illinois, para vivir con su hermano John. Coleman tenía grandes sueños. Amaba leer historias de pilotos audaces que volvían a casa después de la Primera Guerra Mundial. La idea de volar acaparó su imaginación. Cuando su hermano le dijo que una mujer negra nunca podría volar, Coleman se rio. "Basta —dijo—, ahora lo tengo que hacer". Coleman iba a volar y nadie se lo impediría.

Coleman se postuló para asistir a escuelas de vuelo en los Estados Unidos, pero como era una mujer negra y las escuelas estaban segregadas, ninguna la aceptó. Bessie se negó a rendirse. Cuando se enteró de que las escuelas francesas la aceptarían, ahorró dinero y viajó a Francia. La aceptaron en la escuela de vuelo más famosa de Francia.

Tras su graduación en 1921, volvió a los Estados Unidos. Esperaba conseguir trabajo como piloto, pero se encontró con racismo y rechazo. Como rendirse no era lo suyo, montó su propio espectáculo aéreo. Con el apodo de "reina Bess", pronto empezó a agotar entradas.

Todo el dinero que recaudó lo invirtió en su mayor sueño: una escuela de vuelo para afroamericanos.

El 30 de abril de 1926, Coleman y su mecánico estaban en el aire buscando un buen lugar para su próximo espectáculo aéreo. El avión de pronto cayó en picada y dio vueltas en el aire. Coleman salió expulsada del avión y falleció. Su mecánico también murió.

Coleman murió, pero no su sueño. Cuatro años más tarde, un piloto afroamericano, William J. Powell, inauguró el Aeroclub Bessie Coleman en Los Angeles, California. Cada año desde 1931, los pilotos sobrevuelan la tumba de Coleman en Chicago en el aniversario de su muerte y lanzan flores para honrarla.

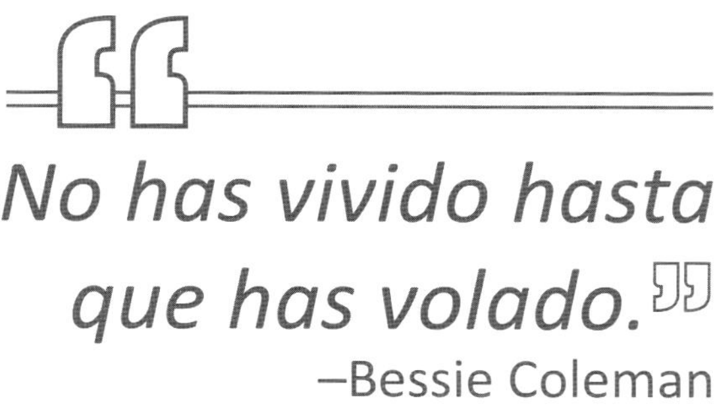

Amelia Earhart en un avión del Departamento de Comercio en 1936

Amelia Earhart
(1897–desaparecida el 2 de julio de 1937)

Amelia Earhart vio un avión por primera vez cuando tenía 10 años, pero no le impresionó. Pensó que "parecía un montón de madera y alambres oxidados".

A los 23 años, hizo su primer viaje en avión. "Para cuando estaba a doscientos o trescientos pies sobre el suelo —recordó—, supe que tenía que volar".

Earhart tomó su primera clase
de vuelo el 3 de enero de 1921. Entonces,
comenzó a ahorrar para comprarse
su propio avión. Poco después, estableció
su propio récord, la mayor altitud
alcanzada por una mujer: 14,000 pies
(4,267 metros). Unos años más tarde,
en 1928, Earhart recibió una invitación
que le cambió la vida: ser la primera
mujer en sobrevolar el océano Atlántico.
Earhart y dos pilotos hombres, Lou Gordon
y Wilmer Shultz, completaron el vuelo
histórico en 20 horas y 40 minutos.

Gracias a ese vuelo, Earhart se
convirtió en una celebridad mundial.
A continuación, batió récords como
la primera piloto en cruzar sola el océano
Atlántico. Al regresar a la ciudad
de New York la recibieron con un desfile
en su honor. Se convirtió en la primera
persona en volar sola sobre el océano
Pacífico, desde Hawaii hasta la masa
continental de los Estados Unidos.
Fue la primera mujer en volar sola
a través de los Estados Unidos.
Escribió artículos, apoyó organizaciones
de mujeres, dio charlas sobre la seguridad
en la aviación y publicó libros
sobre sus experiencias.

En 1937, Earhart se propuso ser
la primera mujer en volar alrededor
del mundo. Earhart y su copiloto Fred
Noonan comenzaron su épico viaje
mundial el 1 de junio de 1937.
El 2 de julio, la guardia costera perdió
el contacto por radio mientras los pilotos
volaban sobre el océano Pacífico. Se llevó
a cabo una búsqueda gigantesca por aire
y por mar, la más grande en la historia
de los EE. UU., pero no pudieron encontrar
a Earhart ni a Noonan. El 19 de julio
los declararon perdidos en el mar.

A lo largo de los años, miles
de aspirantes a detectives han rastreado
registros antiguos. Esperan encontrar
alguna pista acerca de qué fue lo que pasó
con la piloto más famosa del mundo.
¿Acaso se quedó sin combustible y cayó
al océano? ¿Acaso Earhart y Noonan
sobrevivieron en una isla desconocida
hasta que murieron de hambre y sed?
¿Acaso los capturaron y los ejecutaron
por creerlos espías? Por ahora, la muerte
de Earhart sigue siendo un misterio.

En 2017, un investigador del caso Earhart llamado Les Kinney encontró una foto antigua en los archivos nacionales de los Estados Unidos. En ella se ve a un grupo de personas en un muelle de una isla del Pacífico Sur. Kinney cree que dos de las personas son Earhart y Noonan y que la foto prueba que sobrevivieron al accidente. Sus caras se ven borrosas, pero muchos expertos concuerdan con que la foto probablemente sea real. Otros argumentan que no hay manera de que la foto sea de Earhart y Noonan. ¿De verdad son ellos? ¿O es simplemente una foto de un grupo de personas en una isla remota?

*Jacqueline Cochran junto a un avión
F-51 Mustang en 1948*

Jacqueline Cochran
(1906–1980)

Jacqueline Cochran creció
en la pobreza. De niña trabajaba
en una fábrica y cocinaba y limpiaba
para familias vecinas. A los 10 años,
consiguió un empleo en un salón de belleza
y enseguida aprendió cómo funcionaba
el fijador de cabello, una máquina compleja

que enrulaba el cabello para que
los bucles duraran hasta seis meses.
A los 22 años, ya era conocida
por su talento como esteticista.

Durante una visita a Miami
en 1932, Cochran conoció a Floyd
Odlum, un empresario rico.
Le contó sobre su sueño de vender
cosméticos por todo el país,
y él le contestó que para lograr
eso "necesitaría alas". De repente,
Cochran supo que quería volar.

Cochran se anotó de
inmediato en una escuela
de vuelo. Y no tardó en descubrir
que tenía talento para entender
la mecánica de los aviones. La mayoría
de los estudiantes conseguían su licencia
a los tres meses, pero Cochran obtuvo
la suya en solo tres semanas. Practicaba
sin cesar para dominar las maniobras
de vuelo difíciles y los aterrizajes
de emergencia. En 1934 participó
en su primera carrera aérea, donde sufrió
una terrible derrota, pero amaba
la velocidad y nunca miró hacia atrás.

Jacqueline Cochran con su avión de velocidad, Seversky Pursuit, en 1939

Cuando comenzó la Segunda Guerra Mundial, Cochran vio una oportunidad para las mujeres pilotos. En 1941, se convirtió en la primera mujer en volar un bombardero sobre el océano Atlántico Norte. En 1943, ayudó a crear el programa de Mujeres Pilotos al Servicio de la Fuerza Aérea (WASP, por sus siglas en inglés). Cochran fue la primera mujer en recibir la Medalla por Servicio Distinguido por su desempeño durante la guerra.

Cochran continuó batiendo récords después de la guerra. En 1950, la nombraron aviadora de la década y en 1953 marcó récords mundiales en velocidad y se convirtió en la primera mujer en romper la barrera del sonido. Fue también la primera mujer en aterrizar un jet en un portaaviones y en superar el Mach 2, ya que voló dos veces más rápido que la velocidad del sonido. Por su audacia, ingresó al Salón de la Fama de la Aviación y a la Sociedad de Pilotos de Pruebas Experimentales en 1971. Cuando murió en 1980, Cochran había batido más récords mundiales en velocidad, distancia y altitud que ningún otro piloto de la historia.

Jacqueline Cochran y otras 24 mujeres se prepararon para ingresar al programa espacial a principios de la década de 1960. Trece mujeres pasaron las pruebas, pero la NASA se negó a admitir mujeres en el programa.

La primera misión de Sally Ride fue en el transbordador espacial Challenger *en 1983. Aquí se la ve en el asiento del especialista de la misión en la cabina de vuelo.*

Sally Ride
(1951–2012)

    ¿Estudiar ciencias o jugar al tenis? Esa era la gran decisión que debía tomar Sally Ride. Ride era estudiante de la Universidad de Stanford en California y jugadora de tenis reconocida a nivel nacional. La estrella del tenis Billie Jean King le insistió a Ride para que abandonara la ciencia y se convirtiera en jugadora de tenis profesional, pero Ride no siguió su consejo. En cambio, se convirtió en la primera astronauta de los Estados Unidos.

Ride nació en California en 1951.
A temprana edad, comenzó a interesarse
en las matemáticas, la ciencia y los deportes.
Tras decidir que no buscaría ser una figura
del tenis, se enfocó en los estudios. Obtuvo
una maestría en física y un doctorado
en astrofísica. Mientras todavía estudiaba,
Ride vio un anuncio en el periódico
escolar de la Administración Nacional
de la Aeronáutica y del Espacio (NASA,
por sus siglas en inglés) que invitaba
a las mujeres a postularse para el programa
de astronautas. "Puedo hacer eso", pensó,
y envió su solicitud. Más de 8,000 hombres
y mujeres se postularon ese año. Ride fue
una de las apenas seis mujeres y 29 hombres
que quedaron seleccionados.

Ride comenzó su entrenamiento
en vuelos espaciales en 1978. Cuando terminó
su capacitación, la designaron especialista
de misión en un vuelo en transbordador
espacial. El 18 de junio de 1983, se convirtió
en la primera estadounidense en viajar
al espacio. Su trabajo durante esa misión fue
alcanzar satélites con el brazo robótico
del transbordador. Ride viajó en una
segunda misión de transbordador en 1984.

Tenía previsto ir al espacio una tercera vez,
pero su viaje se canceló tras la catástrofe
del transbordador *Challenger* en 1986.

La catástrofe no detuvo a Ride.
Le pidieron ser parte del equipo que
investigaba las tragedias del *Challenger*
y el *Columbia* (2003). Era la única miembro
de ambos grupos. Ride comenzó a dar
clases de física y fundó la empresa Sally
Ride Science. El objetivo era incentivar
a los jóvenes para que ingresaran a campos
de CTIM (o STEM, por sus siglas
en inglés). Ride continuó escribiendo libros
e inspirando a las niñas para que estudiaran
ciencias hasta que falleció de cáncer
el 23 de julio de 2012.

Cuando te preparas para despegar hacia el espacio, estás sentada sobre una gran explosión que está a punto de ocurrir.
—Sally Ride

Capítulo 3

HACER LO IMPOSIBLE: AVENTURERAS

Estas ambiciosas aventureras se opusieron a que otros les dijeran cómo debían comportarse las mujeres. Se enfrentaron al miedo y a la muerte mientras encaraban zonas inexploradas del ártico, caminaban por desiertos misteriosos y navegaban solas los océanos interminables.

Gertrude Bell
(1868–1926)

Con sus faldas largas y sombreros grandes, Gertrude Bell no parecía una gran aventurera, menos una de las aventureras más importantes del siglo xx. Su curiosidad, inteligencia y valentía la llevaron por todo el mundo y la convirtieron en una de las mujeres más famosas de su época.

Bell nació en Washington, Inglaterra, en 1868. Inteligente y tenaz, en 1892 fue una de las primeras mujeres en graduarse de la Universidad de Oxford con excelentes calificaciones en historia moderna. Bell aprendió a hablar persa por su cuenta y en 1892 viajó a Teherán, Irán, a visitar a su tío, que era el embajador británico allí.

Gertrude Bell visitó una excavación arqueológica en Babilonia en 1909.

El mundo árabe cautivó a Bell. Durante los siguientes 20 años, Bell viajó por la región y por el mundo dos veces. Escribió muchos libros sobre la gente y los lugares que veía. Por si fuera poco, Bell también era una escaladora de montañas de categoría mundial. ¡Una vez llegó a colgar de una cuerda durante 53 horas para sobrevivir a una tormenta de nieve en la montaña! Estudió arqueología y árabe por su cuenta. En 1918, la Royal Geographical Society de Inglaterra la premió con una Medalla de Oro por sus extraordinarias exploraciones.

Durante la Primera Guerra Mundial, Bell se hizo espía. Trabajó para un grupo de inteligencia británico llamado Arab Bureau. Se unió al aventurero británico T. E. Lawrence, más conocido como Lawrence de Arabia. Juntos trabajaron de cerca con tribus árabes locales. Cuando los británicos conquistaron Bagdad en 1917, Bell se desempeñó como traductora en el medio de la acción a medida que ambas partes constituían un Gobierno iraquí nuevo y moderno.

Después de trabajar algunos años en la composición del Gobierno iraquí, Bell pasó a concentrarse en la arqueología. Fundó el Museo Arqueológico de Bagdad, ahora conocido como el Museo Nacional de Irak. Cuando murió en 1926, fue enterrada en Bagdad, el lugar que más amaba.

Barbara Hillary
(1931–)

En 1998, Barbara Hillary recibió a sus 67 años una noticia devastadora: tenía cáncer de pulmón. A raíz de la cirugía para eliminar el cáncer, perdió el 25 por ciento de su capacidad para respirar. Hillary no solo le ganó a su enfermedad, sino que también decidió vivir más intensamente después de eso. Aprendió a esquiar, a andar en trineos tirados por perros, y se enamoró del Ártico. Después de viajar a Canadá para fotografiar osos polares, Hillary comenzó a preguntarse si alguna vez una mujer afroamericana había estado

en el Polo Norte. Cuando descubrió que
no, decidió que quería ser la primera.

Hillary entrenó con una cinta
para correr y tomó clases de esquí
a campo traviesa durante tres semanas.
Su entrenamiento de fuerza constó
de clases de boxeo y de tirar de un trineo
lleno de troncos. Después de eso, ya estaba
lista. El 23 de abril de 2007, a los 76 años,
Hillary y un guía esquiaron durante horas
sobre el resplandor de la nieve y el hielo.
Finalmente, el guía de Hillary se detuvo
y le dijo que estaba ¡en el punto más
al norte del mundo! "En ese momento
enloquecí", dijo Hillary. No solo es
la primera afroamericana en llegar
al Polo Norte, sino también la exploradora
de mayor edad.

Conquistar el Polo Norte no le fue
suficiente. Cinco años después, en 2011,
a los 79, logró lo imposible una vez más.
Fue la primera mujer afroamericana
y la persona de mayor edad en llegar
al Polo Sur. Actualmente viaja
por los Estados Unidos y da charlas
sobre sus extraordinarias experiencias.

Barbara Hillary, 5 de mayo de 2007

Ann Bancroft sostiene una brújula que le dio una tropa de Niñas Exploradoras en St. Paul, Minnesota, el 22 de mayo de 2005.

Ann Bancroft
(1955–)

Explorar el mundo siempre formó parte de la vida de Ann Bancroft. De niña, en Minnesota, le encantaba acampar con su familia en la naturaleza. A los ocho años, hacía sus propias versiones de expediciones en la naturaleza afuera de su casa. Era de esperar que se convirtiera en una exploradora de la naturaleza de categoría mundial. En 1986, Bancroft fue la primera mujer en llegar al Polo Norte como uno de los ocho miembros de la expedición polar internacional Steger.

El equipo quería llegar allí de la manera tradicional: en trineos tirados por perros, sin reabastecimiento, sin equipo de repuesto y sin comida adicional. Llevarían todo lo que necesitaban (tres toneladas de provisiones) con ellos en los trineos.

Bancroft y el equipo afrontaron una catástrofe detrás de otra en su viaje de 55 días al polo. Algunos días, las temperaturas descendían hasta los −70° Fahrenheit (−56° Celsius) mientras avanzaban por el peligroso hielo agrietado. Un día, Bancroft se cayó y atravesó una capa de hielo delgada, pero logró sobrevivir. Después de haber completado un tercio del recorrido hacia el polo, el equipo descubrió horrorizado que habían consumido más de la mitad de las provisiones. Tendrían que ir más rápido si querían llegar vivos al polo. Decidieron alivianar su carga y deshacerse de todo lo que no fuera esencial para sobrevivir: chaquetas adicionales, bolsas de dormir, hasta los mangos de los cepillos de dientes. Entonces, a apenas unos días de distancia del Polo Norte, se les rompió el equipo de navegación. Estaban perdidos

en medio de millas de hielo marino.
Por fortuna, lograron arreglar el equipo.
Bancroft y el grupo llegaron al Polo Norte
el 1 de mayo de 1986. Esa aventura fue
apenas el comienzo.

En 1993, Bancroft lideró un equipo
conformado únicamente por mujeres
llamado Expedición de Mujeres
Estadounidenses. Viajaron 660 millas
(1,062 kilómetros) en esquís durante
67 días hasta el Polo Sur. A raíz de esa
expedición, Bancroft ganó el título
de "primera mujer en el mundo en llegar
al Polo Norte y al Polo Sur". En 2001,
Bancroft y su compañera, Liv Arensen,
fueron las primeras mujeres en navegar
y esquiar por la Antártida, en un viaje
de 1,717 millas (2,763 km) en 94 días.

Bancroft no ha dejado de explorar
el mundo. Su nueva misión es explorar
los siete continentes en 10 años.

Polly Letofsky
(1962–)

Imagina que te lleve cinco años
caminar a algún lugar. Eso tardó Letofsky
en recorrer el mundo a pie, y fue la primera

Polly Letofsky cerca del final de su caminata mundial por el cáncer de mama, cerca de Cottonwood Falls, Kansas, el 18 de abril de 2004

mujer en hacerlo. ¿Cuánto puede caminar
una persona en cinco años? Letofsky
recorrió 14,124 millas (22,730 km)
y pasó por 22 países y cuatro continentes.

Letofsky comenzó su épica caminata
mundial en 1999, pero había soñado
con esa aventura desde que era una niña
que vivía en Minneapolis. En 1974,
a los 12 años, vio una foto de David Kunst:
la primera persona en recorrer el mundo
a pie. La idea de recorrer el mundo a pie
se apoderó de la imaginación de la Letofsky.
"Algún día quiero ver el mundo así", pensó.

En 1999, a los 37 años, Letofsky se propuso cumplir su sueño. Comenzó su viaje en Colorado y caminó hasta Los Angeles. Cuando llegó al océano Pacífico, voló a su siguiente destino. Letofsky caminó y atravesó Nueva Zelanda y Australia, luego se dirigió hacia el sudeste de Asia, por India y Turquía, y por Europa Occidental hasta Gran Bretaña. El último trayecto de su viaje fue a través del noreste de los Estados Unidos. El viaje completo duró cinco años.

Con un promedio de 15 a 20 millas (24 a 32 km) por día, Letofsky soportó temperaturas extremas, dolorosas picaduras de insectos e inundaciones. Sobrevivió a un terremoto de 7.2 de magnitud en California, se perdió muchas veces y pasó días solitarios en los que extrañaba a su familia y a sus amigos. Pero cada paso que dio la llevó a algún lugar nuevo y fascinante. En cada uno conoció a gente que la recibió y acogió en su hogar.

En India, Letofsky se dio cuenta de que había muy pocos baños públicos, por lo que la gente usaba el costado de la carretera. Una vez, en Iowa, la rodeó una manada de perros salvajes. Para escapar, Letofsky saltó sobre el capó de un automóvil que pasaba por allí.

El último trayecto de su viaje fue su preferido: redescubrir su propio país después de estar tanto tiempo fuera. Hoy Letofsky viaja para dar charlas sobre sus experiencias, pero ya no hace largas caminatas por el mundo. Cuando le preguntaron si planeaba hacer algún otro viaje épico, dijo: "No, ya estoy satisfecha. Una vuelta alrededor del mundo es suficiente".

Laura Dekker
(1995–)

La mayoría de los adolescentes tienen objetivos como obtener buenas calificaciones y no hacer el ridículo en público, pero Laura Dekker no es una adolescente típica. Cuando tenía apenas 14 años, se propuso navegar alrededor del mundo. Su padre, constructor de barcos, y su madre, actriz, estaban en medio de un viaje en barco de siete años cuando nació Dekker en 1995. La familia se asentó en Holanda, donde Dekker construyó su propio bote a los seis años. Comenzó a competir enseguida.

Después de navegar sola algunas veces por Holanda e Inglaterra, estaba lista para navegar sola por el mundo.

Ella y su padre compraron un bote usado y destartalado y lo transformaron en un velero apto para navegar. Dekker llamó al nuevo bote *Guppy*. En preparación para el viaje, tomó clases de primeros auxilios y practicó cómo se sentía el estar privada de sueño. El 21 de agosto de 2010, apenas unos meses antes de cumplir 15 años, Dekker zarpó con *Guppy* desde el mar de Gibraltar. Su ruta la llevó por el océano Atlántico Norte, el canal de Panamá y el océano Pacífico. Después viajó por el océano Índico y por el cabo de Buena Esperanza y atravesó el océano Atlántico Sur hasta llegar a St. Maarten.

En altamar, Dekker jugó carreras con delfines y observó cómo los peces voladores saltaban las olas. Tocó la guitarra bajo espectaculares atardeceres en el océano. Luchó contra tormentas, olas y, una vez, contra una ballena que casi volteó a *Guppy*. Un año y cinco meses más tarde, Dekker completó su viaje y fue la persona más joven en circunnavegar el mundo en bote.

Laura Dekker navega por el Caribe el 23 de enero de 2012.

Dekker escribió un libro sobre sus asombrosos viajes, llamado *One Girl, One Dream*. En él escribió: "Me he enfrentado conscientemente al miedo a lo desconocido, me enfrenté a mí misma y conquisté la ansiedad y la soledad. Me volví mentalmente más fuerte y me siento en la cima del mundo. Sé que llegaré a Sudáfrica enriquecida por la experiencia de haber cruzado 6,000 millas del océano Índico". Hoy Dekker continúa navegando y ha comenzado una organización sin fines de lucro de clases de navegación y construcción de botes para niños.

Capítulo 4

CONOCER LO DESCONOCIDO: EXPLORADORAS

Querer explorar el mundo requiere curiosidad, pero hacerlo de verdad requiere coraje. Estas mujeres fueron donde ninguna mujer (y pocos hombres) se atrevieron a ir. Pusieron a prueba los límites de la resistencia humana, batieron récords e hicieron descubrimientos fascinantes a lo largo del camino.

Harriet Chalmers Adams
(1875–1937)

Harriet Chalmers Adams, una mujer brillante e intrépida, nació con sed de aventura. Junto a su padre, pasaba los veranos haciendo excursiones a caballo por tierras silvestres y acampando en la costa oeste, desde las montañas de Sierra Nevada en California hasta Oregon al norte y México al sur.

Cuando Adams tenía 24 años, se casó con Franklin Pierce Adams, un hombre tan hambriento de aventura como ella. En 1904, se embarcaron en una aventura de 40,000 millas (64,373 km) hacia América Central y América del Sur. Durante los tres años siguientes fueron a todos

Harriet Chalmers Adams, 1908

SER MUJER EN UN MUNDO DE HOMBRES

En la época de Adams, los hombres dominaban el mundo de los viajes y la exploración. Los exploradores y viajeros formaban parte de sociedades geográficas y organizaciones que eran solo para hombres en las que obtenían respaldo y fondos para sus expediciones. Estos grupos se negaban a admitir mujeres hasta que, en 1925, Adams ayudó a crear la Sociedad de Mujeres Geógrafas.

"No sé por qué una mujer no puede ir a cualquier lugar donde vaya un hombre —escribió—. Si a una mujer le gusta viajar, si siente amor por lo desconocido, lo misterioso y lo perdido, no hay nada que pueda mantenerla en su casa. Lo único que se necesita, como para todas las cosas, es la pasión que te impulsa y el amor".

los lugares que pudieron, viajaron en bote, en tren y a caballo. Adams tomó cientos de fotografías y escribió diarios detallados sobre todo lo que veían y experimentaban.

En 1910, fue a Cuba, Haití y Santo Domingo, y viajó más que nada a caballo. Pero eso no era suficiente. Tres años más tarde salió a conquistar el mundo. Visitó Asia, India y varias islas del Pacífico Sur. Cuando volvió, escribió sobre sus aventuras en *National Geographic*. Entre 1907 y 1935, la revista publicó 21 de sus artículos.

Durante la Primera Guerra Mundial, Adams fue la primera mujer admitida en el frente de guerra francés. Mientras estuvo allí, tomó fotos del espanto y la destrucción. Adams fue la única mujer a la que dejaron tomar fotografías.

Cuando tenía 11 años, Adams atrajo la atención de un reportero de un periódico en la playa de Santa Cruz, California, que escribió: "Ayer por la tarde, Hattie Chalmers de Stockton [. . .] nadó desde el muelle hasta la balsa *Neptune* y luego hasta la orilla sin descansar. [. . .] Se consideró un desempeño maravilloso".

Adams era inteligente, ingeniosa
y tenía un don para la narración.
Por eso pasó el resto de su vida
hablando a públicos entusiastas sobre
sus experiencias. Sus historias verídicas
de aventura, peligro y emoción agotaban
las entradas de las salas de conferencias
de todo Estados Unidos. Cuando falleció
en 1937, estaba entre los geógrafos
y exploradores más famosos de la época.

*Freya Stark en su hogar en Italia en 1950.
Stark sostiene una daga que adquirió en sus viajes
por Medio Oriente.*

Freya Stark
(1893–1993)

Las aventuras de Freya Stark
en Medio Oriente cautivaron al mundo
al principio del siglo xx. Stark tuvo
su primera aventura a los tres años.
Decidió escaparse de su casa y le dijo

al cartero que la encontró que iba a ser grumete. Él, sabiamente, la llevó de vuelta a su hogar.

Stark y su familia se mudaron con frecuencia antes de asentarse en Italia cuando ella tenía 13 años. Cuando estalló la Primera Guerra Mundial en 1914, Stark estudiaba en la universidad. Abandonó los estudios para ser enfermera en el frente de batalla italiano. Tenía mucha facilidad para los idiomas y después de la guerra gastó todo su dinero en aprender árabe y persa. Su sueño era viajar por Medio Oriente y, en 1927, comenzó ese ambicioso viaje. Viajó durante los 12 años posteriores. En cada país que visitó (Siria, Persia, Palestina, Grecia, Irak) aprendió el idioma y los dialectos locales. Comenzó a escribir relatos de sus experiencias. Stark tenía algo que pocos aventureros tenían: un don para escribir sobre la gente y los lugares que veía.

Las hermosas descripciones que hizo Stark sobre sus experiencias llenaron más de 24 libros de viaje que tuvieron un gran éxito de ventas. Sus libros la convirtieron en una de las viajeras más famosas del momento. Pero lo que más amaba era la emoción de viajar en sí. Escribió: "Despertar sola en una ciudad extraña es una de las sensaciones más placenteras del mundo. Estás rodeada de aventura. No tienes idea de lo que te espera, pero, si eres sabia y conoces el arte de viajar, te dejarás llevar por la corriente de lo desconocido y aceptarás todo lo que venga en el espíritu en que los dioses lo ofrecen".

No puede haber felicidad si las cosas en que creemos son diferentes de las que hacemos.

—Freya Stark

Junko Tabei
(1939–2016)

Antes de 1975, solo hombres habían escalado hasta la cima del monte Everest. Junko Tabei cambió eso al convertirse en la primera mujer en escalar la montaña más alta del mundo.

Tabei nació en Japón al comienzo de la Segunda Guerra Mundial. Todos pensaban que era una niña débil. Cuando tenía 10 años, Tabei hizo una excursión a la montaña con su clase. A pesar de su salud delicada, Tabei supo que había encontrado su amor verdadero: el montañismo.

De adolescente y de adulta, se unió a clubes de escalada de hombres y escaló las montañas más altas de Japón. En 1969 inició el primer club japonés de montañismo para mujeres. El grupo se propuso un gran objetivo: escalar el monte Everest, la montaña más alta del mundo.

El 16 de mayo de 1975, Junko Tabei se convirtió en la primera mujer en pararse en la cumbre del monte Everest en Nepal.

Tabei y las demás miembros del club viajaron a Nepal y comenzaron su ascenso histórico al Everest. Una noche, el grupo estaba durmiendo en las carpas de un campamento base cuando Tabei oyó un sonido horrible… ¡una avalancha! Antes de que pudiera moverse, un muro de nieve azotó su campamento e hizo caer a todos por la montaña. Milagrosamente, todos sobrevivieron. Doce días después, el 16 de mayo de 1975, Tabei llegó a la cima del monte Everest: fue la primera mujer en llegar allí.

Más tarde, Tabei se propuso un desafío aún mayor: escalar los picos más altos de cada continente. Durante los 12 años siguientes, viajó por el mundo y escaló con éxito las seis montañas más altas del mundo después del Everest: los montes Kilimanjaro (Tanzania, África, 1980), Aconcagua (Argentina, América del Sur, 1987), Denali (Alaska, América del Norte, 1988) y Elbrús (Rusia, 1989), el macizo Vinson (Antártida, 1991) y el monte Jaya (Indonesia, Asia, 1992). Fue la primera mujer que escaló con éxito las Siete Cumbres.

Después de sus extraordinarias escaladas, volvió al suelo y centró su atención en el medioambiente. Escribió libros y estudió la contaminación de las montañas. Pero siguió escalando: todos los veranos desde 2012 acompañó a estudiantes a escalar el monte Fuji.

Tabei murió de cáncer de estómago en 2016. Continuó escalando durante su enfermedad, reduciendo apenas el ritmo. "Nunca sentí que debía dejar de escalar —dijo—, y nunca lo haré".

> *El Everest es para mí, y creo que para el resto del mundo, la manifestación física y simbólica de la superación de las adversidades para cumplir un sueño.*
> —Junko Tabei

Aquí se ve a Junko Tabei hablando con un guía, Sirdar Ang Tsering. Dos semanas después alcanzaron la cima del monte Everest.

Helen Thayer en su caminata en solitario al polo norte magnético, 1988

Helen Thayer

(1937–)

¿Qué se necesita para ser una de las exploradoras más importantes del siglo xx? Pregúntale a Helen Thayer, porque ella es precisamente eso. Esta neozelandesa anhelaba las aventuras desde pequeña. A los nueve años, escaló su primera montaña. Sus padres dijeron que podría ir a la excursión siempre y cuando preparara y llevara su propio equipaje. Cuando llegó a la cima, supo que quería tener una vida de aventuras.

La sed de viajar por el mundo asaltó a Thayer en 1986 cuando ella y su esposo, Bill, decidieron salir a explorar… el mundo entero. Juntos caminaron 2,400 millas (3,862 km) por el desierto del Sahara, siguiendo antiguas rutas de comercio. Navegaron en kayak por más de 1,200 millas (1,931 km) de la selva amazónica. Mientras tanto, Thayer siempre pensaba en una aventura mayor: esquiar sola hasta el polo norte magnético. A los 50 años, después de esquiar durante 27 días y viajar 364 millas (585 km), Thayer se convirtió en la primera mujer en llegar al polo norte magnético sola.

En 1994, Thayer estaba lista para su próxima aventura. Quería vivir entre los lobos en el norte de Canadá. Estudió su comportamiento y escribió un libro sobre la experiencia titulado *Three Among the Wolves*. En 1995, caminó por el valle de la Muerte y por los desiertos de Mojave y Sonora en Arizona, un viaje de 1,500 millas (2,414 km). En 1997, viajó sola a la Antártida, halando un trineo con provisiones de 260 libras (118 kilogramos) por más de 450 millas (724 km). En 2002, *National Geographic* nombró a Thayer "una de las mejores exploradoras del siglo xx".

CHARLIE, EL PERRO ÁRTICO

Helen Thayer sabía que su viaje al polo norte magnético sería peligroso. Los ataques de osos polares eran una amenaza real. Entonces, Thayer compró a Charlie, un perro valiente y gentil, a un cazador inuit. Charlie se quedó junto a Thayer durante todo el viaje. Le advertía cuando los osos polares estaban cerca e incluso le salvó la vida en una ocasión. Al terminar su viaje épico, Thayer llevó a Charlie a su casa en el estado de Washington. Charlie se jubiló con estilo, acompañando a su dueña en caminatas por la montaña. El perro, valiente y leal, murió en 2007. Thayer planea escribir un libro sobre él llamado *Charlie: A Hero At My Side*.

Thayer tiene más de ochenta años, pero no piensa bajar el ritmo. "Aún me quedan muchos cientos de millas por caminar y montañas que escalar", dijo.

En 1975, con apenas tres años de entrenamiento, Helen Thayer ganó el Campeonato Nacional de Luge de los EE. UU.

Sylvia Earle junto a un pequeño submarino usado por la National Geographic Society *para la exploración de las profundidades marinas, en 2000*

Sylvia Earle
(1935–)

¿No sería genial ser tan famosa por la exploración submarina que la gente te llame "Su Majestad de las Profundidades"?

Ese es el apodo de Sylvia Earle. Lo ganó explorando océanos alrededor del mundo.

La naturaleza siempre fue su primer amor, en especial durante su niñez en una granja de New Jersey. Cuando tenía 12 años, su familia se mudó a una casa frente al mar en Florida. La playa estaba justo fuera de la puerta. Earle sabía que había encontrado su verdadero amor: la exploración del océano. En 1953, mientras estudiaba en la universidad, Earle fue una de las primeras científicas en usar un equipo de submarinismo, apenas 10 años después de su invención.

En 1970, Earle y un equipo de científicas e ingenieras vivieron bajo el agua durante dos semanas. Su proyecto, Tektite 2, era un experimento de la vida humana submarina. El grupo vivió dentro de una estructura submarina enorme a 50 pies (15 metros) bajo la superficie. Su misión era estudiar el efecto de la contaminación en los arrecifes de coral y observar la vida marina.

Desde entonces, Earle ha liderado decenas de exploraciones por todo el mundo

Sylvia Earle (derecha) muestra un alga a una ingeniera por una ventanilla hemisférica de un hábitat en la bahía Great Lameshur, Islas Vírgenes, 7 de julio de 1971.

y ha pasado más de 7,000 horas bajo el agua. Ha nadado con ballenas jorobadas y explorado buques de guerra hundidos de aspecto fantasmal. Hasta sobrevivió a la picadura de un pez león venenoso y letal. En 1979, rompió récords de buceo profundo al caminar sobre el suelo marino, sin cuerdas, a una profundidad de 1,250 pies (381 metros). Es una de las principales expertas a nivel mundial en derrames de petróleo en el océano y ha conducido varias expediciones científicas para estudiar el efecto de los derrames en los ecosistemas marinos.

Hoy en día, Earle todavía viaja y bucea como directora de Mission Blue, su organización para la conservación, que se dedica a preservar y restaurar los océanos.

BUSCAR EN EL PASADO: ARQUEÓLOGAS Y ANTROPÓLOGAS

¡A pártate, Indiana Jones! Las arqueólogas han hecho descubrimientos de talla mundial, desde una ciudad antigua hasta huesos de dinosaurio. Las antropólogas han hecho descubrimientos que cambiaron la forma en que vemos el pasado y el mundo actual.

Harriet Boyd Hawes

(1871–1945)

No muchas personas tienen la suerte de descubrir una ciudad antigua, pero Harriet Boyd Hawes fue una de ellas. Nacida en Boston en 1871, Hawes creció fascinada por la antigua Grecia. En 1892 terminó sus estudios de Letras Clásicas, con especialización en griego antiguo. Luego, en 1896, asistió a la Escuela Americana de Estudios Clásicos de Atenas, Grecia, con el objetivo de trabajar en una excavación arqueológica.

Pero Hawes era mujer y sus profesores, que eran hombres, no dejaban que fuera parte de una expedición. Hawes no

Harriet Boyd Hawes junto a piezas de recipientes, jarras y jarrones minoicos en 1902

El antiguo asentamiento minoico de Gurniá está en la actual Creta, en Grecia.

se desalentó por ello. Ahorró dinero suficiente para salir por su cuenta y viajó por Creta en busca de un posible sitio. En el verano de 1901, un hombre de un pequeño pueblo le dijo que conocía un lugar donde había muchas cosas viejas. El lugar resultó ser el antiguo pueblo minoico de Gurniá. Hawes fue la primera mujer estadounidense en excavar un sitio minoico.

Durante los tres años posteriores (1901–1904), Hawes y su grupo de 100 personas volvieron cada verano para excavar. Finalmente descubrieron una ciudad minoica intacta. Encontraron muros, una carretera pavimentada con una alcantarilla de arcilla, casas y un palacio. El sitio estaba plagado de miles de piezas de cerámica, vasijas y objetos antiguos como herramientas de bronce y puntas de lanza.

Posteriormente, Hawes viajó por los Estados Unidos para hablar ante multitudes

Hawes fue la primera arqueóloga en organizar y dirigir un equipo grande de campo.

sobre sus excepcionales descubrimientos,
y fue la primera mujer en la historia en hablar
en el Instituto Arqueológico de América.
En 1908, publicó un libro sobre sus hallazgos
titulado *Gournia, Vasiliki and Other Prehistoric
Sites on the Isthmus of Hierapetra, Crete*.
Gracias a su trabajo, se ganó el respeto
de arqueólogos hombres, y fue considerada
una de las principales expertas estadounidenses
en arqueología de la antigua cultura minoica.

Hawes falleció en 1945 y, con el paso
del tiempo, la comunidad arqueológica
la olvidó. Incluso, su trabajo fue acreditado
a su asistente, el arqueólogo Rodney Seager.
No obstante, en los últimos años, el trabajo
de Hawes en Gurniá ha sido redescubierto
y reconocido como uno de los hallazgos
más significativos del siglo xx.

Margaret Mead
(1901–1978)

Los estudios de Margaret Mead sobre
las culturas de las islas del Pacífico cambiaron
por completo el conocimiento científico
del comportamiento humano. Mead era
la mayor de cinco hermanos. Sus padres
solían mudarse con frecuencia, así que

*Margaret Mead muestra algunas de las cabezas
trofeo que trajo de un viaje a Nueva Guinea.*

desde pequeña se acostumbró a viajar a
lugares nuevos. Su familia también la expuso
a distintas religiones, por lo que Mead
respetaba muchas creencias diferentes.

Después de un paso exitoso
por la universidad, comenzó a estudiar
en la Universidad de Columbia un doctorado

en antropología, una materia relativamente nueva para la época. Su profesor y mentor Franz Boas estimuló el interés de Mead en el estudio de las culturas del mundo. En aquel entonces, se creía firmemente que las culturas indígenas eran incivilizadas. Boas le sugirió a Mead que estudiara a los habitantes de la pequeña isla de Samoa, en el Pacífico. A Mead le pareció una idea excelente y, en 1925, partió sola hacia allí.

Mead enfocó su investigación en las adolescentes. Quería saber si las adolescentes samoanas eran distintas de las de Occidente. Mead llegó a Samoa y el pueblo la aceptó rápidamente. Comió jabalíes, porque eso era lo que allí se comía, y vivió en una casa sin paredes. Después de varios años de estudio, concluyó que la cultura samoana, relajada y saludable, alentaba la independencia de las muchachas. Como resultado, las adolescentes samoanas no tenían el estrés ni la incertidumbre que padecían las de las culturas occidentales. Demostró que la cultura afectaba el desarrollo humano tanto como la biología.

Mead publicó sus hallazgos en el libro *Coming of Age in Samoa*. Sus descripciones de la mentalidad relajada de los samoanos causaron controversia en los EE. UU. y muchos científicos criticaron y desestimaron el trabajo de Mead. A ella no le importó. Mead continuó estudiando pueblos del Pacífico hasta la década de 1950. Publicó muchos libros sobre sus complejas culturas.

Al momento de su muerte en 1978, Mead estaba entre los antropólogos más famosos del mundo. Los líderes globales la lloraron, y el presidente Jimmy Carter dijo: "Mead acercó la perspectiva humana de la antropología cultural a un público de millones".

Jacquetta Hawkes
(1910–1996)

Cuando Jacquetta Hawkes era una niña, descubrió un día que su hogar en Inglaterra estaba construido sobre un cementerio anglosajón antiguo. Les rogó a sus padres que la dejaran excavar en el jardín, pero ellos se negaron. Entonces, esa noche se escapó con una linterna y una pala en la mano para encontrar el tesoro

enterrado. No encontró un tesoro, pero
sí descubrió su pasión: la arqueología.

Hawkes creció fascinada con el mundo
antiguo. Fue la primera mujer en estudiar
arqueología en la Universidad
de Cambridge. Participó en su primera
excavación arqueológica cuando todavía
era estudiante. Después de graduarse,
se dirigió a Palestina. Allí, se unió
a una expedición arqueológica
en una cueva paleolítica en el monte
Carmelo, junto a la costa. Hawkes
y otros arqueólogos que trabajaban
en la excavación descubrieron el esqueleto
de una mujer, uno de los esqueletos
humanos más viejos encontrados fuera
de África. Este descubrimiento influyó
mucho en Hawkes. Nunca olvidó
la sensación de sostener ese cráneo antiguo
y frágil en sus manos.

A partir de ese momento, Hawkes
participó en excavaciones en Irlanda, Francia
e Inglaterra, y pasó a ser una arqueóloga
muy respetada. Durante la Segunda Guerra
Mundial, dejó de lado la arqueología.
Trabajó para el gobierno y fundó la Comisión
Nacional del Reino Unido para la UNESCO

Jacquetta Hawkes, 1974

(siglas en inglés de la Organización
de las Naciones Unidas para la Educación,
la Ciencia y la Cultura).

Después de la guerra, Hawkes concentró
sus energías en escribir sobre arqueología
y sus vivencias en este campo. Para ella,
los esqueletos que desenterró estaban casi
vivos. Le hablaban como las personas que
alguna vez habían sido. En su libro *Man on
Earth*, describe vívidamente el momento
en que encontró el esqueleto de la mujer

en la cueva del monte Carmelo.
"Fui consciente de esta mujer desvanecida
y de mí misma, como parte de un flujo
de conciencia inquebrantable [. . .] esta
mujer que alguna vez había sido la madre
de la tribu, quien habría vivido y muerto
con escasa consciencia del pasado
o el futuro, pero que aun así habría
conocido el miedo, e incluso la tristeza,
cuando finalmente su [. . .] cuerpo
se debilitó y tuvo que recostarlo".

Al momento de su muerte en 1996, había
convertido su amor por la arqueología
en libros sobre historia, fantasía
y hasta poesía. Hoy, Hawkes es conocida
por su talento para darle vida a la historia.

Mary Leakey
(1913–1996)

Mary (Nicol) Leakey nació en Inglaterra,
hija de padres artistas que le transmitieron
su amor por el arte y la historia. Cuando era
niña, Leakey vio algo que le cambió la vida:
unas pinturas prehistóricas en las cuevas
de Font-de-Gaume y La Mouthe en Francia.
En ese momento supo que la arqueología
sería su vida.

Mary era una artista talentosa.
A los 17 años, se unió a una excavación
arqueológica como ilustradora oficial.
Durante dos años, su trabajo fue crear
dibujos detallados de las herramientas
y los artefactos que se encontraban durante
las expediciones. Era tan buena dibujante
que otro arqueólogo, Louis Leakey, le pidió
que ilustrara un libro en el que estaba
trabajando. Mary no lo hizo, pero ellos
se enamoraron, se casaron y se mudaron
a África. Mary y Louis compartían un sueño
arqueológico: encontrar evidencia
de los primeros humanos del mundo.

Leakey llegó a los titulares mundiales
en 1948 cuando descubrió el cráneo
y los huesos faciales del homínido *Proconsul
africanus*. Se cree que esos huesos tienen
más de 20 millones de años. En 1959,
descubrió a *Zinjanthropus*, un cráneo
humanoide de 1.8 millones de años.
Ese hallazgo demostró que los humanos
habían vivido en la Tierra millones de años
antes de lo que todos creían.

Gracias a un descubrimiento que hizo
en 1978, Leakey se posicionó entre
los arqueólogos más famosos del mundo.

Louis y Mary Leakey excavan en busca de herramientas y huesos de humanos prehistóricos en 1961.

El hallazgo no fue un hueso ni un cráneo. Ella y su equipo descubrieron huellas fosilizadas de homínidos que tenían 3.6 millones de años, las más antiguas descubiertas en la historia. Fueron los primeros fósiles en mostrar la actividad humana real en la Tierra.

Mary siguió excavando hasta que se jubiló en 1984. Murió en Kenia en 1996. Sus descubrimientos influyeron en todo lo que sabemos de la historia humana.

Sue Hendrickson posa en la presentación del esqueleto del Tyrannosaurus rex *llamado "Sue", en el Museo Field de Historia Natural de Chicago, Illinois, 17 de mayo de 2000.*

Sue Hendrickson
(1949–)

A Sue Hendrickson le cuesta recordar alguna vez en la que no haya estado buscando un tesoro. En 1953, cuando tenía apenas cuatro años, encontró una pequeña botella de metal sobre una pila de cenizas que había en un cubo de basura de alambre. De adolescente, vivió en un barco en California y atrapaba peces tropicales para vender en Florida. Se volvió una buceadora experta y comenzó a trabajar en equipos para explorar buques naufragados. En una

de las excursiones de buceo, alguien
le mostró un insecto perfectamente
conservado en una piedra de ámbar.
Hendrickson leyó todo lo que pudo
sobre el ámbar y los fósiles. Se volvió
tan buena buscadora de fósiles que
la invitaron a una expedición en Perú
para buscar fósiles de ballena y a otra
en Estados Unidos para buscar fósiles
de dinosaurio.

En 1990, Hendrickson se unió
a una expedición arqueológica que
trabajaba en las Colinas Negras de Dakota
del Sur. El 12 de agosto, un neumático
pinchado del camión del grupo le cambió
la vida. Mientras los demás se bajaron
a arreglar la llanta, Hendrickson decidió
explorar la zona. Miró hacia arriba
y quedó atónita al ver unos huesos
de dinosaurio que asomaban de
un acantilado. Los huesos resultaron
ser del esqueleto de *Tyrannosaurus rex*
más completo jamás encontrado. El grupo
llamó "Sue" al esqueleto en honor a ella.

El hallazgo llevó a la fama a Hendrickson
y al equipo, pero de maneras no muy
agradables. Algunas cuestiones acerca

de a quién pertenecía Sue, la *T. rex*, terminaron
en demandas judiciales y mucha publicidad
negativa. Pero Hendrickson no dejó
que eso la detuviera. Volvió a buscar buques
naufragados y encontró un tesoro
en un barco de 400 años de antigüedad
cerca de la costa de Filipinas. Además,
participó en excavaciones de la flota
perdida de Napoleón y los aposentos
reales de la reina Cleopatra.

Sue, la *T. rex*, fue un descubrimiento único
en la vida, pero Hendrickson todavía viaja
por el mundo en busca de tesoros fósiles.

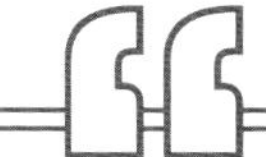

*Tiburones blancos,
tormentas grandes...
de alguna manera
creo que nos gusta que
las cosas asombrosas
nos pongan
en nuestro lugar.
Eso es lo que hacen
los dinosaurios.*
—Sue Hendrickson

Línea de tiempo

1868 Nace Gertrude Bell.

1871 Nace Harriet Boyd Hawes.

1875 Nace Harriet Quimby; nace Harriet Chalmers Adams.

1889 Nace Agnes Myer Driscoll.

1892 Nace Bessie Coleman.

1893 Nace Freya Stark.

1897 Nace Amelia Earhart.

1901 Harriet Boyd Hawes es la primera mujer en excavar un sitio minoico; nace Margaret Mead.

1906 Nace Josephine Baker; nace Jacqueline Cochran.

1910 Nace Jacquetta Hawkes.

1911 Harriet Quimby se convierte en la primera mujer en obtener una licencia de piloto.

1912 Nace Nancy Wake; muere Harriet Quimby.

1913 Nace Mary Leakey.

1914 Nace Noor Inayat Khan.

1914 Comienza la Primera Guerra Mundial.

1918 Finaliza la Primera Guerra Mundial.

1920 Amelia Earhart viaja en avión por primera vez.

1922 Amelia Earhart establece el récord de altitud para una mujer (14,000 pies).

1925 Josephine Baker se muda a Europa.

1926 Muere Bessie Coleman; muere Gertrude Bell.

1928 Amelia Earhart es la primera piloto en cruzar el Atlántico.

1932 Amelia Earhart es la primera piloto en cruzar sola el Atlántico y en volar de costa a costa.

1935 Nace Stella Rimington; nace Sylvia Earle; Amelia Earhart es la primera mujer en volar sola de Hawaii a California.

1937 Amelia Earhart comienza su intento de volar alrededor del mundo; desaparece un mes más tarde.

1937 Muere Harriet Chalmers Adams; nace Helen Thayer.

1939 Comienza la Segunda Guerra Mundial; Alemania invade Francia;
nace Junko Tabei.

1941 EE. UU. entra a la Segunda Guerra Mundial; Jacqueline Cochran
es la primera mujer en pilotear un bombardero sobre el océano Atlántico Norte.

1943 Noor Inayat Khan es traicionada y capturada por los nazis; Jacqueline Cochran
ayuda a crear la agrupación Mujeres Pilotos al Servicio de la Fuerza Aérea (WASP).

1945 Finaliza la Segunda Guerra Mundial; muere Harriet Boyd Hawes.

1948 Mary Leakey descubre un homínido de más de 20 millones de años.

1949 Nace Sue Hendrickson.

1950 Jacqueline Cochran es nombrada aviadora de la década.

1951 Nace Sally Ride.

1953 Jacqueline Cochran es la primera mujer en romper la barrera del sonido.

1959 Mary Leakey descubre fósiles de un homínido de 1.8 millones de años.

1963 Josephine Baker es la única mujer en hablar en la Marcha en Washington.

1970 Sylvia Earle vive bajo el agua durante dos semanas.

1971 Muere Agnes Myer Driscoll.

1975 Junko Tabei es la primera mujer en escalar el monte Everest.

1976 Mary Leakey descubre huellas fosilizadas de homínidos.

1978 Muere Margaret Mead.

1980 Muere Jacqueline Cochran.

1983 Sally Ride es la primera mujer estadounidense en viajar al espacio.

1990 Sue Hendrickson descubre el esqueleto de *T. rex* más completo del mundo.

1992 Stella Rimington es la primera mujer en ser directora general del MI5.

1993 Muere Freya Stark.

1995 Nace Laura Dekker.

1996 Stella Rimington deja el MI5; muere Mary Leakey; muere Jacquetta Hawkes.

1999 Polly Letofsky comienza su caminata por el mundo.

2007 Barbara Hillary es la persona de mayor edad y la primera mujer negra
en llegar al Polo Norte.

2010 Laura Dekker comienza su viaje en barco sola por el mundo.

2011 Muere Nancy Wake; Barbara Hillary es la persona de mayor edad
y la primera mujer negra en llegar al Polo Sur.

2016 Muere Junko Tabei.

Glosario

ámbar: sustancia de color café amarillento que se forma por la savia fosilizada de los árboles; algunos fósiles de insectos se preservan en ámbar

anglosajón/a: miembro de un grupo de personas con ascendencia germánica que ocuparon Inglaterra

antisemitismo: discriminación en contra de los judíos por su contexto cultural, su religión y su etnia

antiterrorismo: medidas que se toman en contra del terrorismo; el terrorismo es el uso de violencia y actos destructivos para generar miedo y lograr un objetivo político o religioso

antropología: ciencia que estudia el desarrollo cultural y social de la humanidad

arqueología: estudio de la vida humana como era hace mucho tiempo

circunnavegar: navegar o viajar dando una vuelta completa alrededor del mundo

contraespionaje: detección y eliminación de espías enemigos

criptoanálisis: descifrar mensajes codificados sin tener la clave

ecosistema: sistema de seres vivos y objetos inertes de un medioambiente

fósil: restos o rastros de plantas y animales que se preservan en forma de roca

Gestapo: policía secreta de la Alemania nazi

homínido: grupo compuesto por humanos modernos y extintos y por grandes simios

mach: la velocidad de un objeto en relación con la velocidad del sonido

minoicos: civilización antigua de la isla de Creta que existió entre los años 3000 y 1100 a. C.

prehistoria: período anterior a la historia documentada

resistencia: grupo de personas que luchan por su cuenta contra los invasores de un territorio

Preguntas de razonamiento crítico

1. Muchas de estas exploradoras y aventureras se hicieron conocidas por sus hazañas en una época en que a las mujeres se las disuadía de ser independientes. ¿Qué tipo de reacciones negativas habrán recibido? ¿Quién pudo haberse beneficiado de su éxito?

2. Jacqueline Cochran se preparó para el programa espacial en la década de 1960, pero no la eligieron porque era mujer. Sally Ride fue la primera mujer en el espacio casi 20 años después. ¿Qué cambió en el transcurso de 20 años para alterar la política que admite que las mujeres sean astronautas?

3. Las mujeres de este libro vienen de lugares muy diversos y vivieron en distintas épocas. Elige algunas mujeres de distintos períodos y lugares y habla acerca de cuáles son las características que tienen en común y en qué podrían diferenciarse.

Notas sobre las fuentes

Página 8, col. 2, línea 5: Jeannine Vegh. "Women's Museum of California: The Untold Story of Madam X". Women's Museum of California. 9 de agosto de 2017, https://womensmuseum.wordpress.com/2017/08/09/the-untold-story-of-madame-x

Página 9, col. 1, línea 14: Paul Vitello. "Nancy Wake, Proud Spy and Nazi Foe, Dies at 98". *The New York Times.* 13 de agosto de 2011, http://www.nytimes.com/2011/08/14/world/europe/14wake.html

Página 10, col. 2, línea 4: Christopher Woolf. "The Indian Spy Princess Who Died Fighting the Nazis". *Pri.* 7 de febrero de 2017, https://www.pri.org/stories/2017-02-07/indian-spy-princess-who-died-fighting-nazis

Página 13, col. 2, línea 1: "Josephine Baker". *Biography.* 2016, https://www.biography.com/people/josephine-baker-9195959

Página 15, col. 1, línea 17: "Dame Stella Rimington". *MI5.* https://www.mi5.gov.uk/dame-stella-rimington

Página 18, col. 2, línea 6: Peter Tyson. "America's First Lady of the Air". *PBS.* 22 de febrero de 2005, http://www.pbs.org/wgbh/nova/space/americas-first-lady-of-the-air.html

Página 20, col. 1, línea 6: Thelma Rudd. "Yesterday, Today and Tomorrow". Bessie Coleman.org. http://www.bessiecoleman.org/bio-bessie-coleman.php

Página 21, col. 2, línea 2: "Amelia Earhart Biography". Amelia Earhart.com. Abril de 2017, https://www.ameliaearhart.com/biography/

Página 27, col. 1, línea 13: Denise Grady. "American Woman Who Shattered Space Ceiling". *The New York Times.* 23 de julio de 2012, http://www.nytimes.com/2012/07/24/science/space/sally-ride-trailblazing-astronaut-dies-at-61.html

Página 38, col. 2, línea 10: Brook Sutton. "Harriet Chalmers Adams: The Original Adventurelebrity". Adventure-journal.com. 28 de enero de 2016, https://www.adventure-journal.com/2016/01/harriet-chalmers-adams-the-original-adventure-lebrity/

Notas sobre las fuentes

Página 40, col. 2, línea 5: Colin Thubron. "Sophisticated Traveler". *The New York Times*. 10 de octubre de 1999, https://archive.nytimes.com/www.nytimes.com/books/99/10/10/reviews/991010.10thubrot.html

Página 46, col. 1, línea 3: Mary Beth Griggs. "At 81, This Record-Breaking Diver Isn't Done Exploring The Ocean's Depths". *Popsci*. 23 de diciembre de 2016, https://www.popsci.com/sylvia-earle-diving-ocean-explorer

Página 50, col. 1, línea 4: Brian Fagan. *Archaeologists: Explorers of the Human Past*. New York: Oxford University Press, 2003, pág. 100

Se accedió a todos los sitios de Internet el 24 de mayo de 2018.

Sobre la autora

Allison Lassieur es escritora hace más de 20 años y se ha especializado en historia, ciencia, misterios y personas famosas. Su libro *The Harlem Renaissance* fue recomendado en *Booklist* en 2014 y su libro *Can You Survive the Titanic?* fue premiado en 2014 como el mejor libro electrónico de Digital Book World. Vive en el norte de Nueva York con su esposo, su hija, tres perros y dos gatos.

Índice